Campeones de la World Series: Los Houston Astros

El lanzador Roy Oswalt

El campocorto Jeremy Peña

CAMPEONES DE LA WORLD SERIES

LOS HOUSTON ASTROS

JOE TISCHLER

CREATIVE EDUCATION/CREATIVE PAPERBACKS

Publicado por Creative Education y Creative Paperbacks
P.O. Box 227, Mankato, Minnesota 56002
Creative Education y Creative Paperbacks son marcas
editoriales de The Creative Company
www.thecreativecompany.us

Dirección de arte por Tom Morgan
Diseño y producción por Ciara Beitlich
Editado por Jill Kalz

Fotografías por Alamy (Cal Sport Media), AP Images (Joe
Robbins/Icon Sportswire), Getty (Rob Carr, Stephen Dunn, Elsa,
Focus On Sport, John Grieshop, Rich Pilling, Louis Requena,
Daniel Shirey, Jamie Squire)

Library of Congress Cataloging-in-Publication Data
Names: Tischler, Joe, author.
Title: Los Houston Astros / [by Joe Tischler].
Description: [Mankato, Minnesota] : [Creative Education
   and Creative Paperbacks], [2024] | Series: Creative
   sports. Campeones de la World Series | Includes index. |
   Audience: Ages 7-10 years | Audience: Grades 2-3 | Summary:
   "Elementary-level text and engaging sports photos highlight
   the Houston Astros' MLB World Series wins and losses, plus
   sensational players associated with the professional baseball
   team such as Jose Altuve"-- Provided by publisher.
Identifiers: LCCN 2023015576 (print) | LCCN 2023015577 (ebook) |
   ISBN 9781640269446 (library binding) | ISBN 9781682774946
   (paperback) | ISBN 9781640269682 (ebook)
Subjects: LCSH: Houston Astros (Baseball team)--History--
   Juvenile literature. | Houston Colt 45's (Baseball team)-
   -History--Juvenile literature. | Astrodome (Houston,
   Tex.)--History--Juvenile literature. | World Series (Baseball)--
   History--Juvenile literature. | American League of Professional
   Baseball Clubs--Juvenile literature. | National League of
   Professional Baseball Clubs--Juvenile literature. | Major
   League Baseball (Organization)--History--Juvenile literature. |
   Baseball--Texas--Houston--History--Juvenile literature.
Classification: LCC GV875.H64 T5718 2024 (print) | LCC GV875.
   H64 (ebook) | DDC 796.357/64097641411--dc23/eng/20230412

Impreso en China

Campeones de la World Series de 2022

El lanzador Justin Verlander

CONTENIDO

El hogar de los Astros

La ciudad de Houston, Texas, es bien conocida por su programa espacial. Es el hogar del Johnson Space Center. La National Aeronautics and Space Administration (NASA) entrena a los astronautas allí. Houston también es el hogar del equipo de béisbol los Astros. Los aficionados los ven elevarse a nuevas alturas en un **estadio** llamado Minute Maid Park.

Los Houston Astros son un equipo de béisbol de la Major League Baseball (MLB). Juegan en la División Oeste de la American League (AL). Sus **rivales** son los Texas Rangers. Todos los equipos de la MLB intentan ganar la World Series para convertirse en campeones.

El jardinero Jimmy Wynn

Nombrando a los Astros

El equipo de Houston comenzó a jugar en la National League (NL) en 1962. Primero se llamaron los Colt .45s. En 1965, el equipo se mudó a un nuevo estadio abovedado. El dueño del equipo quería un nuevo nombre que combinara con el tema espacial de la ciudad. Eligieron los Astros. El estadio nuevo se convirtió en el Astrodome.

El lanzador Nolan Ryan

Historia de los Astros

Los Astros esperaron casi 20 años para hacer su primera presentación en las **eliminatorias**. Llegaron a la Championship Series de la NL tres veces en la década de 1980. Pero los perdieron a todos. Los lanzadores Nolan Ryan y Mike Scott poncharon a muchos bateadores.

Los jugadores de cuadro Jeff Bagwell y Craig Biggio llevaron a Houston a tres **títulos** divisionales consecutivos en la década de 1990. Juntos eran conocidos como los "Killer B's" (las B mortales). Cada uno bateó muchos hits. Ambos están en el **Salón de la Fama.**

Los Astros llegaron a su primera World Series en 2005. Perdieron los cuatro juegos ante los Chicago White Sox.

El segunda base Craig Biggio

El segunda base Jose Altuve

Siguieron muchas temporadas de perdedoras. Houston se mudó a la AL en 2013. El segunda base Jose Altuve desencadenó una tendencia ganadora. Lideró la AL en promedio de bateo tres veces. Los Astros regresaron a la World Series en 2017. Se enfrentaron a Los Angeles Dodgers. Houston ganó la serie en siete juegos. ¡Era su primer campeonato! Los Astros volvieron a ganar el título en 2022. Vencieron a los Philadelphia Phillies en seis juegos.

Otras estrellas de los Astros

os Astros han tenido muchos lanzadores estrella. Roger Clemens, Dallas Keuchel y Justin Verlander ganaron Cy Young Awards. Los mejores lanzadores de la liga los ganan.

José Cruz dirigió el jardínero durante muchas temporadas. Fue dos veces en Juegos de Estrellas y ganó dos **Silver Sluggers**. El tercera base Alex Bregman fue un destacado en ambos equipos campeones de la World Series.

El lanzador Roger Clemens

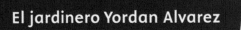

El jardinero Yordan Alvarez

as jóvenes estrellas Yordan Alvarez y Jeremy Peña fueron clave para el título del equipo en 2022. Alvarez bateó casi 100 jonrones en cuatro temporadas. Peña fue el jugador más valioso (MVP) tanto de la Championship Series de la AL como de la World Series. Los aficionados esperan llevar más campeonatos al Minute Maid Park pronto.

Sobre los Astros

Comenzaron a jugar en: 1962

....

Liga/división: Liga Americana,
   División Oeste

....

Colores del equipo: azul oscuro y naranja

....

Estadio local: Minute Maid Park

....

CAMPEONATOS DE LA WORLD SERIES:

   2017, 4 juegos a 3,
   venciendo a Los Angeles Dodgers

....

   2022, 4 juegos a 2,
   venciendo a los Philadelphia Phillies

....

Sitio web de los Houston Astros:
   www.mlb.com/astros

....

Glosario

eliminatorias: partidos que juegan los mejores equipos después de una temporada para ver quién será el campeón

....

estadio: un edificio con niveles de asientos para los espectadores

....

rival: un equipo que juega muy duro contra otro equipo

....

Salón de la Fama: museo donde se honra a los mejores jugadores de todos los tiempos

....

Silver Slugger Award: premio dado al mejor bateador de la liga en cada posición

....

título: otra forma de decir campeonato

....

El tercera base Alex Bregman

Índice